MARIA LÚCIA RIBEIRO DE ANDRADA

TETÉ O ANJO AMIGO

ILUSTRAÇÕES: FÁBIO SGROI

Teté é um lindo anjinho que mora na nuvem mais baixinha do céu.

Ele tem muita vontade de conhecer os meninos que moram perto da pracinha que ele vê de lá. Sempre que pode, deita de bruços na sua caminha de nuvem e fica observando as brincadeiras das crianças lá embaixo. Como tudo é bonito! As crianças brincam de pique, de bola, de tantas coisas divertidas... Ele fica imaginando como seria bom se tivesse amiguinhos assim, se pudesse brincar também.

Mas Teté tem medo. Tem medo de as crianças não gostarem dele, afinal ele é um anjo. E um anjo tem asas. É bem diferente das crianças.

Assim ele passa horas e horas pensando... pensando. Ele fica imaginando como poderia se aproximar das crianças.

Apareceu então uma chance que ele não podia perder: viu uma laçada de pipas bem pertinho dele. Marcão, um menino grande, tinha tomado a pipa de Carlinhos, um garoto bem menor, que logo começou a chorar. Teté ficou com pena dele. Voou em direção às pipas, desembaraçou cada uma delas e foi até Carlinhos.

— Ei, garoto! Esta não é a sua pipa?

Na mesma hora o menino sorriu.

— É sim, esta é a minha pipa! Como você conseguiu pegar?

— Eu estava olhando lá de cima, da minha nuvem, e vi como tudo aconteceu. Voei até elas e peguei a sua pra te entregar.

— Puxa vida! Que bacana! Então você pode voar?

— Posso, sim.

— Mas como?

— É que eu sou um anjinho. Sou amigo de todas as crianças.

— Que legal! Posso chamar meus amigos pra conhecer você? Eles nem vão acreditar.

— Pode, sim. É o que eu mais quero.

Enquanto Carlinhos foi chamar seus amiguinhos, Teté ficou esperando ansioso pela chegada das crianças. Vieram todos na maior correria e ficaram olhando o anjinho com muita alegria e curiosidade.

Carlinhos foi logo dizendo:

— Este é o Pedro, o Flávio, a Clarinha e o Tito. Somos amigos, e eles serão seus amigos também.

Teté ficou muito feliz, e eles o convidaram para ir conhecer suas casas e seus brinquedos.

Na casa de Pedro, ele viu uma bicicletinha e quis andar. Como era engraçado! Ele nunca tinha pensado em como era bom andar de bicicleta.

Flávio trouxe sua coleção de bolas coloridas e de vários tamanhos. Teté nem sabia em qual pegar primeiro.

Clarinha trouxe suas bonecas e panelinhas. Os meninos acharam muita graça de Clarinha e começaram a discutir se o anjinho gostaria ou não de conhecer aquelas "bugigangas". A menina começou a chorar. Teté chegou pertinho dela e apreciou todos os seus brinquedos. Achou muito interessante as bonecas e as panelinhas. Ele nunca tinha visto nada parecido.

Tito não tinha nada bonito para mostrar. Seus carrinhos eram tão velhos. Ele era muito pobre. Sentiu uma tristeza por não ter nada bonito. Teté percebeu e falou:

— Tito, você é um menino tão bonzinho, que eu estou com muita vontade de brincar com você. Será que dava pra me ensinar a brincar de pique? Eu vejo, lá de cima, como sabe correr. Tenho muita vontade de aprender a brincar como você.

O menino na mesma hora topou. Esqueceu sua tristeza e foi se divertir com os outros. Teté corria muito e foi difícil para as crianças pegá-lo. Foi uma ótima brincadeira.

Flávio chamou para bater bola, mas Clarinha não sabia jogar futebol. E ela queria brincar também.

Teté resolveu o problema:

— Vamos jogar bola com as mãos? Assim todo mundo brinca.

As crianças gostaram e começaram o jogo. Brincaram até cansar. Esqueceram até as brigas, tão ligados estavam no novo amigo.

Carlinhos convidou a todos para tomar sorvete. Teté não sabia o que era aquilo direito, mas achou muito gostoso. Tiveram uma manhã tão diferente, tão boa, que não iam esquecê-la nunca mais.

As crianças foram almoçar, e Teté ficou esperando por elas na pracinha. Ele estava tão feliz e cansado que acabou dormindo num galho de árvore lá da praça, enquanto esperava seus amigos voltarem.

Carlinhos foi o primeiro a voltar. Procurou o anjinho e não o encontrou. Começou a ficar preocupado e foi até a casa do Flávio e da Clarinha, saber se Teté estava lá.

Quando Clarinha soube que o amiguinho tinha sumido, abriu a boca a chorar.

— Será que ele foi embora?

Voltaram à praça e encontraram o Tito e o Pedro. Começaram uma gritaria danada:

— Tetééééé...

Com todo aquele barulho, o anjinho acordou.

— Estou aqui, já vou descer.

Flávio queria conhecer melhor aquele amiguinho diferente. Sua cabeça estava cheia de ideias e perguntas.

Teté também se sentia assim. Queria conhecer bem de perto a vida das crianças. Já estava um anjinho crescido e precisava saber mais sobre as coisas da vida.

Sentaram todos no chão e ficaram conversando um pouquinho. Flávio estava curioso para saber onde Teté tinha almoçado.

Ele explicou que os anjinhos não almoçam.

— Do que eu gosto mesmo é de brincar, conhecer gente, mas mesmo assim gostei muito do sorvete. Estava uma delícia.

O garoto ficou satisfeito com a resposta.

— Estou tão feliz — disse Teté. — Eu ficava escondidinho na minha nuvem, olhando pra vocês. Como eu queria vir brincar, conversar! Tinha muito medo de não gostarem de mim. Mas tive a sorte de conhecer o Carlinhos, que foi tão legal desde a hora que me viu.

As crianças logo gritaram:

— Nós gostamos muito de você, Teté.

Pedro não tinha se dado por satisfeito, queria saber mais sobre o anjinho.

— Nós podemos ir até sua casa?

Clarinha não esperou a resposta.

— Você tem pai e mãe? Tem irmãos, como a gente?

— Você dorme na chuva?

Teté não sabia a quem responder primeiro.

— Calma, gente, um de cada vez. Na minha casa tudo é muito diferente da casa de vocês. Eu moro numa nuvem, e é só. Não tem mais nada. É uma nuvem própria para os anjinhos. Ela me protege. Não chove lá. Eu fico acima da chuva. Para chegar até lá, é preciso voar muito, mas ela é confortável e macia...

... Lá em cima não temos famílias separadas, como as de vocês. Somos todos irmãos. Obedeço sempre aos mais velhos e cuido bem dos mais novos. É como se fôssemos uma grande família. Está entendendo, Clarinha?

... Eu não durmo nem na chuva e nem no sol. A minha nuvenzinha me abriga com qualquer tempo e em qualquer hora. Ela foi feita pra mim. Quando eu crescer, vou me tornar um anjo da guarda e quero ser sempre bondoso, protetor das crianças, dos adultos, dos idosos, das plantas e dos animais, de tudo que necessitar da minha proteção.

Os meninos estavam começando a entender melhor a vida de Teté.

O anjinho compreendia melhor a vida das crianças. Aprenderam muitas coisas juntos.

Gostavam de ser amigos.

Um dia Tito cismou que queria que Teté saísse voando com ele nas costas. Clarinha batia o pé, querendo aprender a voar com ele.

Coitado do Teté! Teve que explicar muitas coisas outra vez.

— Eu não posso levar nada nem ninguém nas minhas costas. Somos do mesmo tamanho, e minhas asinhas não aguentam o peso.

Foi preciso convencer Clarinha de que sem asas ela não tinha condições de voar.

Cada dia que passava, ficavam mais amigos e aprendiam mais coisas. Estavam pulando maré, certa vez, quando viram o anjinho largar a brincadeira para ajudar um homem cego a atravessar a rua. Ficaram olhando para depois seguirem aquele exemplo.

Teté não tinha mais medo de ninguém. Gostava de todos. Queria conhecer cada vez mais crianças, mais pessoas. Fez um montão de amigos.

Ele dormia feliz todas as noites, praticava sempre suas boas ações, ensinava as crianças a rezar. Ajudava os bichinhos que estavam jogados na rua, brincava muito com todos.

Teté estava aprendendo a fazer papagaio e de repente teve uma ideia:

— Quero conhecer o menino que tomou a pipa do Carlinhos.

As crianças se assustaram.

— Pra quê?

— Eu preciso conhecê-lo, saber como ele é.

— Ele é mau. É brigão, implicante e ainda por cima não gosta da gente. Ele vai maltratar você.

— Mas eu não tenho medo dele. Quero conhecê-lo ainda hoje. Vocês não vão comigo, não. Me esperem aqui.

Carlinhos mostrou a Teté onde morava Marcão, e ele foi depressa para lá.

Sentou na porta da casa do menino, esperando que ele chegasse. Ficou um tempão.

Marcão apareceu na esquina, e Teté gritou:

— Ei, Marcão, vem cá.

— Quem tá me chamando?

— Sou eu, aqui na porta da sua casa.

— Mas eu não te conheço. Como sabe o meu nome?

— Eu sei porque o Carlinhos me falou.

— Quem? Aquele boboca?

— Ele não é boboca.

— Já vi que você gosta dele, e, se gosta dele, eu não gosto de você.

— Marcão, você não me conhece, como pode falar que não gosta de mim? Não sabe quem eu sou.
— Não sei e nem quero saber. Vá embora.
— Vou embora, sim, mas um dia eu volto. Gostei de conhecer você. Deve ser um menino legal e saber muita coisa interessante pra me ensinar.

Marcão entrou em casa batendo a porta, mas, quando passou pelo anjinho, viu suas asas. Achou aquilo muito engraçado, chegou na janela e gritou:

— No carnaval, vê se arranja uma fantasia mais bonita! Há! Há! Há!

Teté não quis ouvir mais e saiu voando.

Pela janela, Marcão o viu voar. Ficou pensando como ele teria conseguido fazer aquilo.

Começou a gritar:

— Cuidado! Você vai se machucar! Olhe o fio! Você vai cair!

Teté, então, voou novamente na direção dele e parou para dizer:

— Eu tinha certeza de que você era um menino bom. Por isso vim aqui pra gente conversar.

— Deixa de história, garoto. Não temos nada pra falar.

— Temos, sim! Eu vi como ficou preocupado comigo. Teve medo que eu caísse lá de cima.

— Claro! Eu nunca vi ninguém fazer um truque desses.

— Se quiser, posso lhe explicar.

— Tá certo. Mas como você consegue fazer isso? Mesmo explicando, acho que não dá pra acreditar nem entender.

— É fácil. Sou um anjinho. Meu nome é Teté.

Marcão não acreditou e riu muito. Teté viu que ele era mesmo um menino difícil.

— Posso voar de novo, se você quiser.

— Quero ver! Eu duvido que consiga outra vez.

— Olhe!

Teté saiu voando, voando, e Marcão ficou olhando com cara de bobo, sem saber o que dizer.

— Puxa! Você sabe mesmo voar. Deixa eu ver suas asas. Posso pegar nelas?

— Pode ver, pode passar a mão. Só não pode puxar, elas estão presas em mim. São como os braços.

Marcão examinou o anjinho de perto e viu que não era mentira. Estava começando a acreditar naquilo tudo. Mas seria possível? Um anjinho ali, conversando com ele? Era tão esquisito, difícil de acreditar.

O menino não queria dizer que estava gostando do anjinho. Estava ainda sem saber se era ou se não era verdade...

Teté pediu para ele ensiná-lo a jogar botão.

Marcão pegou o brinquedo e foi jogar com o anjinho, na maior boa vontade.

O garoto ainda estava em dúvida:

— Quer dizer que você é mesmo um anjinho de verdade?

— Sim. Sou mesmo um anjinho de verdade.

— Por que quis me conhecer?

— Porque gostei de você. Ficava olhando suas brincadeiras lá da minha nuvem. Quer ser meu amigo?

— Quero sim. Até que, para um anjinho, você é um cara legal.

— Vamos então brincar com os outros meninos, o Carlinhos, o Flávio, o Tito, o Pedro e a Clarinha? Eu gosto muito deles. Eles são meus amigos.

— Eles não gostam de mim.

— Gostam, sim.

— Como sabe?

— Eles pensam que você é que não gosta deles. Vamos até lá e você vai ver.

Marcão foi com o anjinho até a praça onde estavam as outras crianças. Quando eles viram Teté vindo junto com o garoto, compreenderam que tinham ganho mais um amigo. E era verdade.

Marcão ficou feliz. Ele gostava de provocar os outros porque era sozinho, não sabia como era bom ter amigos.

Começaram então a brincar juntos todos os dias.

Na pracinha em que eles brincavam ia ter uma grande festa. Iam montar um parque de diversões. Estavam todos muito animados por isso. Que bom!

Teté nunca tinha brincado num parque. Andar de roda-gigante, no trem fantasma e em tantos outros brinquedos que ele nem conhecia! O anjinho não cabia em si de alegria. Ficaram o dia inteiro esperando os brinquedos chegarem para serem montados.

Quando veio o caminhão com o material, foi um corre-corre.

A noite chegou depressa. A tarde tinha passado e eles nem perceberam. O parque estava pronto. Montadinho. Cheio de cores e luz. Muitas barraquinhas com diversos jogos.

Foram brincar na autopista. Os carrinhos batiam e ninguém se machucava. Desceram no tobogã, andaram no trem fantasma. Teté estava tão distraído, que esqueceu a hora de ir embora.

Quando se lembrou, já tinha passado muito tempo. Despediu-se depressa de seus amiguinhos e voou até a sua nuvenzinha.

Seria uma noite de tempestade, e as nuvens da chuva só estavam esperando Teté chegar para poderem cair. Estavam muito zangadas com seu atraso. Se estufavam todas. Falavam ao mesmo tempo. Uma nuvem maior entrou no meio da conversa e gritou mais alto que todas:

— Silêncio! Quero saber quem mandou você ir ao parque. Esqueceu-se de suas obrigações? Até agora não vimos você fazer nenhuma boa ação. Não podemos deixar as nuvens de chuva cair enquanto a nuvenzinha estiver aí, sem você.

Teté sabia que não tinha agido bem. Tinha se atrasado, e muito, não avisara que ia demorar... Um anjinho não pode se atrasar nunca. É preciso fazer tudo na hora certa. Já estava bastante crescido para fazer um papelão desses. Agora as nuvens, suas grandes amigas, estavam mesmo zangadas com ele.

— Onde já se viu atrasar pra ficar brincando no parque? Eu te vi por acaso. Estava passando e vi sua nuvenzinha vazia. Fiquei muito preocupada — disse a grande nuvem, ainda zangada.

... Resolvi te procurar em tudo que era lugar. Ninguém sabia de você. Olhei lá pra baixo e vi um par de asinhas no parque. Logo pensei: "É ele".

Teté tentava se explicar, sua cabecinha não parava de pensar. Estava ficando triste, nervoso. Não queria ter causado preocupação e aborrecimentos. Como tinha se distraído assim?

Mas... era a primeira vez que isso acontecia. Nunca tinha tido amigos crianças, nunca tinha ido a um parque, mas também não sabia como explicar.

Nisso, o pessoal lá embaixo começou a gritar muito alto:

— Teté, o Marcão é um cara legal, obrigado por ter nos mostrado isso. Ele veio ao parque com a gente.

— Teté, o Flávio é um colega e tanto. Foi bacana conversar com você.

O anjinho estava ouvindo tudo, deu até um sorriso triste e lembrou como tudo aconteceu...

Mas a grande nuvem ouviu tudinho também. Ela entendeu que Teté não estava perdendo seu tempo, que ele tinha conseguido uma coisa muito importante: fazer amigos e ajudá-los.

A nuvem zangada deu um abraço em Teté e cochichou-lhe no ouvido, bem baixinho, palavras carinhosas, palavras de amigo...

— Desculpe, me zanguei sem antes saber o que você estava fazendo, não vai acontecer mais. Acredito em você.

Teté dormiu feliz e não se esqueceu de sua oração.

No dia seguinte, ele tornou a ir brincar com os meninos. Precisava conversar com eles.

— Olha, pessoal, é tão bom ficar aqui brincando todos os dias, mas tenho que ir. Sempre que puder, virei. Quero conhecer outros lugares, outras crianças, fazer mais e mais amigos. Aprendi muito com vocês. Tchau, pessoal, e obrigado por tudo.

As crianças não conseguiram se despedir de Teté sem uma ponta de tristeza, mas entenderam que ele precisava ir, e também que ele um dia voltaria. Ficaram satisfeitas por terem um amigão como Teté.

Às vezes, Teté volta lá. E começa tudo outra vez.

— Ele é um amigo que passa na vida da gente e fica pra sempre. Mesmo sem estar presente.

Teté conheceu muitos lugares, muitos países, e qualquer dia ele volta e conta tudo para vocês.

Dados Internacionais de Catalogação na Publicação (CIP)
(Câmara Brasileira do Livro, SP, Brasil)

Andrada, Maria Lúcia Ribeiro de
  Teté, o anjo amigo / Maria Lúcia Ribeiro de Andrada ; ilustrações Fábio Sgroi. -- 3. ed. -- São Paulo : Editora do Brasil, 2021. -- (Brincando com literatura)

  ISBN 978-65-5817-900-9

  1. Literatura infantojuvenil I. Sgroi, Fábio. II. Título III. Série.

21-62362   CDD-028.5

Índices para catálogo sistemático:

1. Literatura infantil   028.5
2. Literatura infantojuvenil 028.5

Maria Alice Ferreira - Bibliotecária - CRB-8/7964

© Editora do Brasil S.A., 2021
Todos os direitos reservados
Texto © Maria Lúcia Ribeiro de Andrada
Ilustrações © Fábio Sgroi

Direção-geral
Vicente Tortamano Avanso

Direção editorial	Felipe Ramos Polleti
Gerência editorial	Gilsandro Vieira Sales
Edição	Paulo Fuzinelli
Assistência editorial	Aline Sá Martins
Apoio editorial	Maria Carolina Rodrigues
Supervisão de artes	Andrea Melo
Editoração eletrônica	Daniela Capezzuti
Supervisão de revisão	Dora Helena Feres
Revisão	Eduardo Passos e Camila Gutierrez

3ª edição / 1ª impressão, 2021
Impresso na PlenaPrint

Rua Conselheiro Nébias, 887
São Paulo, SP – CEP: 01203-001
Fone: +55 11 3226-0211
www.editoradobrasil.com.br